Mette Isager

Marte Meo konkret

Entwicklungs- und Sprachförderung in Beispielen

ISBN 978-3-7412-9646-8

Herstellung und Verlag

BoD Books on Demand, Norderstedt

Inhalt

1. Vorbemerkung — S. 1
2. Die Begegnung mit Marte Meo — S. 9
3. Funktionelles und kommunikatives Sprechen lernen — S. 11
4. Schlüsselbegriffe bei Marte Meo — S. 12
   - Warten
   - Wechselspiel: „Turntaking"
   - Schauen, Warten, Initiativen folgen
   - Benennen
   - Positive (An)Leitung „detailed guidance"
   - Das „Gute Gesicht"
   - Der „Gute Ton"
   - Bestätigung
   - Klarer Anfang, klares Ende, klare Struktur
   - Verbindungen schaffen

Literatur — S. 49

Lang ist der Weg durch Lehren, kurz und erfolgreich durch Beispiele. (Seneca)

1. Vorbemerkung

Der Begriff „Marte Meo" ist dem Lateinischen entlehnt und bedeutet soviel wie: „aus eigener Kraft".
Die Marte Meo Methode ist von Maria Aarts in den Niederlanden entwickelt worden und verwendet Filmaufnahmen, um die Beziehungen zwischen Menschen, Kindern wie Erwachsenen zu unterstützen und weiter zu entwickeln.

Die Marte Meo Methode wird heute in mehr als 35 Ländern angewandt. Pädagogen, Lehrer, Logopäden, Psychologen, Familientherapeuten, Fachleute der Gesundheitspflege, Pflegepersonal im Altenbereich und viele andere Fachleute aus dem psychosozialen Bereich verwenden die Marte Meo Methode in ihrer täglichen Arbeit.
Die Absicht dieses kleinen Buches ist, anhand von Beispielen zu zeigen, wie man die Hauptelemente der Marte Meo Methode, insbesondere auch im Arbeitsbereich der Sprachförderung und Sprachstimulierung von Kindern, sowie überhaupt in der pädagogischen Arbeit nutzen kann.

Das Buch wendet sich insbesondere an Pädagogen, Logopäden und andere, die die Persönlichkeits- und Sprachentwicklung von Kindern anregen und unterstützen möchten.

Das eigentliche Erlernen der Marte Meo Methode geschieht, wenn man schrittweise mit Hilfe kurzer Filmclips analysiert, was man zuvor gefilmt hat.
Diese Arbeit mit dem Film nennt man Interaktionsanalyse.
Man geht von Moment zu Moment durch den Film um konkret zu analysieren, was das Kind entwickelt hat und welche Entwicklungsaufgaben als nächste anstehen.

Wenn man die Interaktionsanalyse zunehmend meistert, lernt man allmählich die Methode zu beherrschen und anzuwenden. In einem Film kann man tausend verschiedene Begebenheiten beobachten, ganz abhängig davon, wie man den Film sieht.
Das schwierigste bei der Marte Meo Methode ist erfahrungsgemäß, beim konkreten Geschehen zu bleiben, das heißt, bei dem was zu sehen ist und nicht darüber zu spekulieren, was man über das Gesehene denken kann.

Der Zweck dieses Buches ist, die Marte Meo Basiselemente so vorzustellen, dass sie zur Inspiration der täglichen pädagogischen Arbeit beitragen und dort fruchtbar werden können, auch ohne dass man gleich die gesamte Marte Meo Therapeutenausbildung machen muss.

Wenn ein Kind durch sein Verhalten zeigt, das es Hilfe braucht, - zum Beispiel zum Erlernen der kommunikativen und funktionellen Sprache-, kann man Filmaufnahmen zur Hilfe nehmen um das kommunikative Zusammenspiel des Kindes im täglichem Leben zu untersuchen.
Hierbei wird sowohl analysiert und beschrieben, welche Kompetenzen das Kind bereits entwickelt hat, und darüber hinaus, welche spezifische Unterstützung es in seiner weitere Entwicklung braucht, teils unter Beteiligung der Sprache, teils bezogen auf seine allgemeine Entwicklung.

Von Maria Aarts habe ich gelernt, Marte Meo auf die pädagogische Arbeit aufzubauen, die ich schon praktizierte.
Aus diesem Grunde sehe ich in der Marte Meo Methode eine zusätzliche Qualität in meiner langjährigen Arbeit als Logopädin und Sprachheil-Lehrerin für Kinder.

Ich verwende die Marte Meo Elemente im Rahmen eines pädagogischen Handlungsplanes, in dem ich eine Sprachbeurteilung vornehme und danach Ratschläge erarbeite, welche Form der Sprachstimulierung mir für das jeweilige Kind bedeutsam erscheint.
Ich gehe dann den Film zusammen mit dem Pädagogen und/oder den Eltern Schritt für Schritt mit Hilfe einer Interaktionsanalyse durch, und analysiere, was das Kind und was die Eltern von Marte Meo Modell übernehmen und so anwenden können, dass sich das Kind aus eigener Kraft entwickeln kann.

Im Jahre 1997 habe ich mein erstes Lehrmaterial, „Medina", veröffentlicht. Das Medina Material ermöglicht eine Sprachbeurteilung anhand einer Filmaufnahme von einem Dialog zwischen einem Kind und einem Erwachsenen und einem Dialog zwischen zwei Kindern. Den Inhalt der Dialoge, also das, worüber gesprochen wird, bestimmt das Kind. So nimmt es zum Beispiel sein Lieblingsspielzeug mit und bringt auf diese Weise ein Thema ein oder es hat etwas gemalt, worüber es sprechen will.

Bei der Aufnahme eines Dialoges zwischen einem Kind und einem Erwachsenen analysiere ich Clip für Clip die kommunikativen Fertigkeiten, die das Kind bereits entwickelt hat, und welche sprachliche Fertigkeiten es als nächstes entwickeln könnte.
Ich achte darauf ob das Kind mit seinem Gesprächspartner Augenkontakt hat und ob es im Dialog schon eigene Initiativen ergreift. Außerdem schaue ich darauf, welche Qualität sein Kontakt mit dem Gesprächspartner hat.
Dabei lasse ich mich von den folgenden Fragen leiten:
- Ist die Interaktion zwischen Kind und Erwachsenen fließend?
- Versteht das Kind die Regel, dass das Gespräch hin- und hergeht und kann es erkennen wer gerade dran ist?
- Kann es zuhören?
- Antwortet es Sinn erfassend auf die Fragen die gestellt werden?
- Darüber hinaus bewerte den Wortschatz, die Syntax, Morphologie und die Aussprache.

Als Supervisorin, die ihren Fokus auf die Sprachentwicklung legt, sehe ich die Sprachbeurteilung nie als eine isolierte Aufgabe an.
Meine Beurteilung wird immer mit mindestens drei Ideen zur Sprachförderung ergänzt, mit der die Pädagogen weiter arbeiten können.

Zu Anfang gebe ich anhand der Filminteraktionsanalyse konkrete Hinweise darauf, wie die Sprachentwicklung des Kindes unterstützt werden kann. Dabei hebe ich immer das hervor, was das Kind schon kann.
Durch das jahrelange Studium von Filmaufnahmen mit Dialogen zwischen Kindern und Erwachsenen habe ich immer wieder beobachten können, dass Pädagogen mit bester Absicht eine Frage nach der anderen stellen, ohne dass die Kinder eine Antwort geben konnten.

Einem Kind, dass beispielsweise Fotos mitgebracht hatte, hat ein Pädagoge eine Frage nach der anderen gestellt, etwa so:
„Wer hat das Foto gemacht?"
„Wo ist das aufgenommen?"
„Wer ist auf dem Bild?"
„Wann wurde das aufgenommen?"

Solche Fragen werden häufig nacheinander gestellt, und oft gelingt es den Kindern nicht, sie zu beantworten.
Die Pädagogen stellen die Fragen natürlich nicht in der Absicht, die Kinder in Schwierigkeiten zu bringen oder gar zu kränken; im Gegenteil: es liegt ihnen sehr daran, den Kindern die Möglichkeit zu geben, sich

auszudrücken. An dieser Stelle können folgende Fragen für den Pädagogen hilfreich sein:
- Fühlt sich das Kind vielleicht von den Fragen überhäuft?
- Sind die Fragen möglicherweise zu schwierig und kompliziert für das Kind?
- Kennt das Kind genügend Wörter um die Fragen korrekt zu beantworten?
- Erlebt es das Kind vielleicht als Niederlage, die Fragen des Pädagogen nicht beantworten zu können?

Meine Erfahrungen haben mir gezeigt, dass es gut ist zu klären, ob Kind und Erwachsener denselben verbalen Hintergrund haben.
Dabei geht es nicht nur um die Frage, ob sie den selben Lebenskontext und Erfahrungshintergrund haben, sondern auch darum, zu klären, ob sie auch über „dieselbe Menge" Sprache verfügen.

Im Jahr 2002 wurde die „Medina Sprachbeurteilung" durch das Material „Erkundigungen über die Sprache" ergänzt.
Das Material enthält eine Reihe konkreter Fragen an zweisprachige Eltern, die das Ziel haben heraus zu finden, wie viel Sprache einem Kind begegnet.
Ich habe diesen Eltern folgenden allgemeinen Rat gegeben:
Für die Unterstützung der Sprachentwicklung eurer Kinder ist es sehr wichtig dass ihr mit den Kindern über das alltägliche Geschehen zuhause spricht.

Es ist sehr wichtig dass Ihr den Kindern gegenüber das benennt, was sie gerade sehen, und was gerade jetzt passiert.

Oft haben Eltern mir berichtet, dass sie daraufhin viel mit den Kindern gesprochen haben, während des Einkaufens, während des Essens und in anderen Zusammenhängen. Ich habe den Eltern daraufhin bestätigt, dass sie auf diese Weise ihrem Kind eine gute Grundlage für seine Muttersprache als Stütze für seine allgemeine Entwicklung geben.
Außerdem stellte ich den Eltern gegenüber heraus, dass eine wohlentwickelte Sprache eine Voraussetzung für den Schulerfolg der Kinder ist. Schüler sollten sich idealer weise täglich an der Vielfalt der Sprache erfreuen, sie vertiefen, darüber staunen und nachdenken.

Trotz dieser gut gemeinten Ratschläge an Pädagogen und Eltern hatte ich den Eindruck, dass es häufig noch an „Tiefe" bei der Sprachstimulierung fehlte. Das traf sowohl für einsprachige, aber auch für die mehrsprachigen Eltern zu.
Ich konnte gute Spiele oder Fördermaterialen vorschlagen- trotzdem dachte ich oft, dass meine Beratung nicht recht fruchtete. Nach den Gesprächen mit den Eltern war ich damals zunehmend unzufriedener mit meinen Bemühungen.
Mit meinem pädagogischen, logopädischen und linguistischen Hintergrund, konnte ich die Probleme gut erfassen und formulieren.

Oftmals aber fühlte ich mich von den Eltern nicht wirklich verstanden, obwohl sie mir versicherten, dass sie mich verstanden hätten. Diese Erfahrung glaube ich, teile ich mit vielen Fachkolleginnen.
Ein über das andere Mal beendete ich ein Elterngespräch, mit dem Eindruck, dass meine Botschaft an die Eltern nicht genügend genau und konkret war. Meine Worte schienen viel zu kompliziert .

Es sollte noch einige Zeit verstreichen, bis ich eine Methode gefunden hatte, die die Sprachstimulierung sowohl für ein- als mehrsprachigen Kindern äußerst wirksam unterstützte und die mir sehr wichtig wurde.
Es ist eine Methode, die in ihrer Vermittlung an die Eltern sehr konkret und anschaulich ist; nämlich die Marte Meo Methode.

2. Die Begegnung mit Marte Meo

Vor etlichen Jahren führte ich in Kopenhagen einen Kurs über die Sprachbeurteilung von Kindern durch, bei dem ich mein Schulungsmaterial „Medina" präsentierte. Zusammen mit den Teilnehmern hatte ich Dialoge mit Kindern beobachtet und analysiert, um festzustellen wie sich die Kinder verbal ausdrücken konnten. Ausgehend von dieser Einschätzung wurde geplant, welche Unterstützung die Kinder für ihre weitere gezielte Spachentwicklungsförderung noch benötigten.
Plötzlich sagte einer meiner Kursteilnehmer: „Aber das ist doch Marte Meo was du machst! Du beurteilst den Sprachentwicklungsstand positiv, ausgehend davon, was das Kind schon kann und baust darauf die Förderung auf".
Mir war gar nicht bewusst, dass ich Marte Meo präsentierte, eigentlich kannte ich die Methode damals noch nicht genau. Allerdings häuften sich die Vergleiche mit der Medina Sprachbeurteilung und Marte Meo in meinen Kursen.

Im Sommer 2001 erzählte ich meinem damaligen Chef, dass ich den Mann meines Lebens getroffen hatte, und dass er in die Niederlande wohnte! „Dann muss du aber deine fachliche Weiterentwicklung mit der Liebe kombinieren," sagte mein Chef, und gab mir den Hinweis, bei Maria und Josje Aarts Marte Meo zu lernen.

So habe ich mich dann zur Marte Meo Therapeutin und Supervisorin bei Maria und Josje Aarts in die Niederlande ausbilden lassen.

Dabei war für mich die Erkenntnis zentral, dass die nachhaltigen Veränderungen im Entwicklungsgeschehen in den Handlungsmomenten passieren und nicht auf dem Niveau des Darüber – Nachdenkens.

Mit Hilfe der Marte Meo Methode, lernte ich genau zu sehen und zu vermitteln, wo sich ein Kind in seiner gesamten Entwicklung befindet.

Ich lernte auch, wie ich gezielt die Sprachentwicklung unterstützen konnte, vor allem mit dem Marte Meo Element dass wir „benennen" oder englisch „naming" nennen.

Naming bedeutet, dass man die Handlung des Kindes im Moment der Handlung benennt. Via Interaktionsanalyse von Filmen war es jetzt möglich, Schritt für Schritt Informationen zu erhalten, was das Kind im allgemeinen entwickelt hat, und was es noch in seiner weiteren Entwicklung braucht und welche Unterstützung es dabei benötigt. Die Vermittlung von Informationen für die Eltern mit Hilfe von Filmaufnahmen ist mit Marte Meo konkret, sichtbar und leichter verständlich geworden.

3. Funktionelles und kommunikatives Sprechen lernen

Das Lernen von Sprache ist einen lebenslanger Prozess. Sprache ist ein Teil unsere Persönlichkeit und Identität. Sie verdeutlicht unser Selbstbild, vermittelt unsere Erfahrungen und macht auch klar, welcher sozialen Gruppe wir angehören. Eine Voraussetzung für Lernen generell, aber auch für das Erlernen einer Sprache ist, eine positive Identität und positives Selbstbild zu haben.

Wir brauchen die Sprache, wenn wir Probleme lösen, erinnern, Erfahrungen bearbeiten, Zusammenhänge verstehen und neue Begriffe erlernen.

Sprachenlernen muss funktionell sein. Das bedeutet, dass man die Sprache zur Kommunikation benutzt, das heißt, während man spricht, sich mit seiner Sprechweise an verschiedene Gesprächspartner anpasst.

Kinder erlernen Sprache, wenn sie jemanden haben, zu dem sie sprechen können und mit dem sie über etwas sprechen können.

Funktionelle Sprache bedeutet, dass Handlung und Sprache verbunden werden. Wenn man Sprache beurteilt, beurteilt man vor allem die Inhalt, bevor man die Form beurteilt. Eine funktionelle Sprache zu vermitteln heißt, dem Kind gegenüber verständlich zu sprechen, aber auch eine Sprache zu verwenden, mit der sich das Kind ausdrücken kann.

Die Kinder benötigen Unterstützung, um kommunikative Fertigkeiten zu erreichen. Sie sollten sich sprachlich in verschiedenen Milieus und Zusammenhängen bewegen können, damit ihre sprachliche Kompetenz erweitert wird. Der Spracherwerb baut auf Dialogen und vielen gemeinsamen Erlebnissen auf.

4. Schlüsselbegriffe bei Marte Meo

Warten

Warte auf die Reflexion oder Initiative des Kindes, des Pädagogen, der Eltern, zeige Respekt vor dem Tempo des anderen Menschen!

Wenn man auf die Reaktion des Kindes, die Reaktion der Eltern oder der Pädagogen wartet, bekommen sie Raum zum Nachdenken und Nachspüren. Bei diesen Voraussetzungen kann man tiefer und besser auf einander eingehen.
Wenn man auf die Reaktion eines anderen Menschen wartet, lernt man dessen Signale wahrzunehmen.
Auf die eigene Kraft des Kindes, der Eltern oder Pädagogen aufzubauen, setzt voraus, dass man sich Zeit nimmt, auf ihre Reaktion zu warten. Erst im schöpferischen Nachdenken und Nachspüren werden größere Entwicklungs- und Veränderungsprozesse ermöglicht.

„Turntaking" (Sich abwechseln)

Turntaking bedeutet, dass Kommunikation im Wechsel stattfindet. Jeder kommt an die Reihe, hat seinen Platz. Turntaking ist während des ganzen Lebens wichtig.

Turntaking wird schon unmittelbar nach der Geburt entwickelt. Das kleine Kind sucht das Gesicht von Papa oder Mama, es tauscht Augenkontakt aus und hält den Augenkontakt fest.

Der Augenkontakt ist ein erster Schritt, das Prinzip des Turntakings und damit den Rhythmus des Dialoges zu lernen.
So lernt das Kind schon sehr früh kommunikative Regeln kennen.

Das gleiche passiert wenn das Kind plaudert . Hier wird das Dialogprinzip des Wechselspiels verstärkt.

Papa oder Mama reagieren mit einer Antwort auf das Plaudern des Kindes. Das Kind sucht die Lautquelle. Es macht die Erfahrung, dass es wahrnimmt und wahrgenommen wird und reagiert motorisch auf seine Eindrücke. Papa oder Mama deuten das Plaudern der Kindes, und wiederholen seine Äußerungen in einer erweiterten Form. Das Kind bekommt fortlaufend eine Rückmeldung zu seinen Versuchen von Aussprache, Wortgebrauch, Morphologie, Syntax, und so weiter. Der Erwachsene deutet und reagiert verbal auf die Laute und Bewegungen des Kindes. Er bezieht das Kind in das kommunikative Muster ein, das Kind lernt Turntaking, den Rhythmus des Dialoges. Dabei geschieht eine Koordination zwischen den Prozessen in den visuellen, auditiven und den visumotorischen Funktionsbereichen des Gehirnes.
Diese Koordination ist eine wichtige Vorraussetzung für eine regelrechte Sprachentwicklung.
Die Fähigkeit eines Turntaking auf der Handlungsebene, das konkrete Geben und Nehmen, entwickelt das Kind im Alter von etwa sieben Monaten. Es ist die Zeit, in der Kinder uns unermüdlich Spielzeuge geben, um sie gleich wieder zurückzunehmen: „Bitteschön,... Dankeschön!"

Daniel Stern nennt diese Phase die „Entstehung des subjektiven Selbst." . In dieser Zeit lernen Kinder den Unterschied zwischen der eigenen und der fremden Gemütslage kennen.

Daniel Stern beschreibt es poetisch als „Man teilt die Gemütlandschaften mit einander." Dabei kann auch ein „Respektmodell" für den Umgang mit den Mitmenschen entwickelt werden.
In jedem Falle ist die Fähigkeit in Dialoge zu treten, Mitteilungen anzunehmen und zu geben das ganze Leben hindurch von zentraler Bedeutung.
Wenn das kleine Kind lernt, Papa oder Mama zu zuhören, lernt es später im Dialog dem Gegenüber Raum zu geben und dies auch in das Spiel mit anderen Kindern zu übertragen. Dialoge sind zentral fürs Rollenspiel, und später für die Zusammenarbeit mit Freunden in der Schule oder mit Kollegen am Arbeitsplatz.

Je tiefer wir Dialoge führen können, desto mehr lernen wir über- und von einander.

Die Identität wird das ganze Leben durch Interaktion und Kommunikation zwischen Menschen entwickelt. Deshalb ist es wichtig, zu beobachten ob das Kind die Regeln und den Rhythmus von Dialogen beherrscht.

Hierzu dienen Fragen wie:
- Kann das Kind zuhören?
- Kann das Kind eine Mitteilung verstehen?
- Kann das Kind Blickkontakt halten, wenn es dem Gesprächspartner zuhört?

Sollte das Kind Schwierigkeiten haben, den Augenkontakt zu halten, kann der Pädagoge ein Geräusch machen, das signalisiert, dass er aufmerksam ist. Ein solches „Aufmerksamkeitsgeräusch" kann ein Kommentar wie „Mmm!" oder „Ach so!" sein.
Dabei erscheint es bedeutsam, hervorzuheben, dass das Kind nicht zum Augenkontakt gezwungen werden sollte.
Augenkontakt beruht auf freiwilligem und gegenseitigem Interesse.
Das Kind lernt in dieser Phase seinen Mitmenschen gegenüber sozial aufmerksam zu sein.

In der Schule sollte das Kind gelernt haben, zu warten, bis es an der Reihe ist und sich dafür zu interessieren was die andere Schüler zu erzählen haben, die an der Reihe sind.
Häufig sehen wir in der Schule Kinder, die nicht im Stande sind, zu warten, bis sie an der Reihe sind. Alle wollen auf einmal etwas erzählen, und niemand gibt sich die Zeit, anderen zuzuhören.

Im Laufe der Jahre habe ich viele Kinder gefilmt. Die Filmaufnahmen sollten dazu dienen, zu beurteilen, welche Sprachfertigkeiten das Kind beim Schulanfang entwickelt hatte.

Die Sprachbeurteilungen wurden gründlicher und nuancierter sobald ich bei der Beobachtung der Kinderdialoge die Marte Meo Elemente mit einbezog und folgende Fragen stellte:

- Haben die Kinder im Dialog miteinander das Respektmodell entwickelt?
- Können sie Blickkontakt halten?
- Können sie warten, bis sie an der Reihe sind?
- Können sie zuhören, wenn der Kommunikationspartner etwas sagt?
- Können sie passende Antworten geben?
- Können sie auf das Gesprächsthema eingehen und dabei bleiben?

Haben die Kinder einige der wesentlichen Voraussetzungen entwickelt, die sie in der Schule, aber auch im späteren Leben benötigen, etwa um mit anderen zusammenzuarbeiten?

Sind sie in der Lage, mit einander Dialoge zu führen, ohne auf die Anwesenheit Erwachsener angewiesen zu sein?

Können sie sich selbst präsentieren, die eigenen Handlungen und Initiativen benennen?

Ich war darüber hinaus daran interessiert, zu erfahren, ob die Kinder in einem angenehmen Konversationston, oder überwiegend in Kommandotönen miteinander sprechen.

Ich wollte herausfinden, ob die Kinder im Stande sind, die Freude an der Kommunikation miteinander zu teilen. Zu dem beurteilte ich ob sie die Sprache funktionell verwenden können. Ich beobachtete auch, ob sie ihre Sprache an verschiedene Gesprächspartner und Gesprächssituationen anpassen können.

Waren sie so sprachlich und sozial so aufmerksam und gewandt, dass sie in einen „verbalen und sozialen Tanz" eingehen können, das heißt, auch ein Gespräch mit mehreren Gesprächspartnern zugleich zu führen?

Schau, warte und folge den Initiativen des Kindes

Wenn man lernt, den Initiativen des Kindes zu folgen, lernt man auch das Kind kennen und lernt zu sehen, wo sich das Kind in seiner Entwicklung befindet.

Wenn man mit Hilfe der Interaktionsanalyse einen Film durcharbeitet, zum Beispiel mit spielenden Kindern, lernt man, genau den Initiativen der Kinder zu folgen. Gleichzeitig wird deutlich, welche Spielfähigkeiten die Kinder zu diesem Zeitpunkt bereits entwickelt haben, und welche Unterstützung sie für ihre weitere Entwicklung benötigen.

Sören Kierkegaard drückt diesen Gedanken in den „Gesammelten Werken" so aus:
„Wenn es in Wahrheit gelingen soll, einen Menschen zu einer bestimmten Stelle zu führen, muss man von Beginn an darauf achten, ihn dort zu finden, wo er gerade ist und dort mit der Führung beginnen."

Ein Beispiel: Mustafa und Bahattin.

Auf den Hinweis einer Säuglingsschwester lernte ich Bahattin kennen.

Bahattin war das ältere von zwei Geschwisterkindern. Seine kleinere Schwester war ca. zwei Jahre alt. Die Eltern waren ursprünglich türkischer Abstammung. Mama war in Dänemark geboren und aufgewachsen, Papa war später nach Dänemark gekommen. Zu der Zeit, in der ich der Familie besuchte um zu filmen, sprach Papa sehr wenig dänisch.

Die Säuglingsschwester machte sich Sorgen, weil Bahattin, der jetzt fast drei Jahre alt war, noch kein verständliches türkisch sprach und auch keine Zweitsprache, also dänisch, entwickelte. Eigentlich kommunizierte er nur mit Hilfe von hohen Tönen.
Bei meinem ersten Kontakt mit der Familie hatte ich bewusst keinen Dolmetscher mitgebracht.

Für mich war zunächst wichtig, das Zusammenspiel zwischen Bahattin und seinen Eltern zu filmen.
In dem ersten Film konnte ich feststellen, dass im familiären Kontakt ein Marte Meo Basiselement zu sehen war, auf dem ich meine Arbeit mit der Familie weiter aufbauen konnte. Papa Mustafa konnte die Initiativen seines Kindes folgen, er folgte und beobachtete Bahattin und kommentierte die Handlungen seines Sohnes.

Was Mustafa schon beherzigte war das Prinzip, warte, beobachte und folge den Initiativen deines Kindes. Papa Mustafa ließ Bahattin das Spielzeug untersuchen, während er selbst mit den Händen im Schoß saß. Mustafa ließ Bahattin die Hauptrolle im Spiel einnehmen, während er sich mit der Nebenrolle begnügte. Ich habe nie von einem Dolmetscher Mustafas Kommentare zu Bahattins Initiativen übersetzen lassen. Trotz meiner eher dürftigen Kenntnis der türkischen Prosodie, der Melodie der Sprache, konnte ich hören, dass das verbale Beisammensein zwischen Vater und Sohn vor allem von den Fragen des Vaters beherrscht wurde, Fragen, für deren Beantwortung Bahattin noch gar nicht genug Sprache hatte.

Mustafa, konnte den Initiativen seines Sohns folgen, und darum arbeiteten wir weiter mit der folgenden Empfehlung an den Vater:

„Jedes mal wenn Bahattin etwas tut, benennst du was er tut. Auf diese Weise hört er die Sprache und kann die Worte mit seinen Handlungen verbinden."

Ich habe den Eltern den Rat gegeben, dass sie jeden Tag ungefähr zehn Minuten Bahattins Initiativen in seinem freien Spiel benennen sollten.

Auf diese Weise konnten sie ihm genau folgen und erkennen, wo er sich in seiner Entwicklung befand.

Bahattins Eltern fragten mich, welche Sprache sie mit ihren Kindern sprechen sollten. Zu Hause und in der näheren Familie sprach man ein Türkisch, das mit dänischen Wörter gemischt war. Die meisten Familienmitglieder in Bahattins Familie und Freundeskreis hatten bereits viele Jahre in Dänemark gewohnt.

Deshalb war ihre türkische Sprache eine Mischung zwischen türkisch und dänisch, eine Art „Exiltürkisch".

Meinen Rat an den Eltern war:
Sprecht die Sprache, in der Ihr am besten zu Hause seid, auch wenn es eine Muttersprache ist, die mit dänischen Wörtern geprägt ist. Gebt dem Kindern Lieder in der Muttersprache mit in die Wiege, als ein Geschenk!"

Ich frage die zweisprachigen Eltern immer, welche Sprache sie am besten beherrschen. Dabei rate ich normalerweise, mit den Kindern in der Muttersprache der Eltern zu sprechen.

„Ohne die Muttersprache geht die grundlegende Lebensart verloren, innerhalb derer die Eltern mit ihren Kindern kommunizieren.

Wenn Eltern nicht mit ihrer Sprache mit den Kindern sprechen können, wird es für sie schwierig, ihre Werte, ihre Überzeugungen, ihre Lebensauffassung und Ihre Lebenserfahrungen weiterzugeben.

Das Gespräch ist ein zentraler Faktor im Verhältnis zwischen Eltern und Kindern.

Durch das Gespräch bringen die Eltern ihren Kindern ihre Kultur bei und machen es den Kindern möglich, denjenigen Männern und die Frauen ähnlich zu werden, die sich die Eltern wünschen.

Wenn die Eltern die Möglichkeit verlieren, Ihre Kinder zu sozialisieren, sie unter den Einfluss ihrer Kultur und Sprache zu stellen, kommt es leichter zu Beziehungsabbrüchen zwischen Eltern und Kindern" (Wong-Fillmore, 1991).

Benennen oder „Naming"

Benennen heißt, die Handlungen einen anderen Menschen in den Momenten zu benennen, in denen er/sie handelt.
Benennen ist ein zentrales Element im Marte Meo Modell.

Benennen bedeutet, dass man alles benennt, was das Kind tut, um Beispiel, wenn das Kind mit dem Zug fährt, und Mama sagt: „Du fährst mit dem Zug". Jede Aktion des Kindes wird als Reaktion sozusagen „beantwortet".
Daniel Stern bezeichnet die Entwicklung des Kindes, wenn es etwa 18 bis 30 Monaten alt ist, als das „Verbale Selbst."
In dieser Phase bildet die Sprache Strukturen und Beziehungen, die eine Parallele zur Erlebniswelt darstellen, da die Sprache die Erlebnisse niemals vollkommen ersetzen kann.
Wenn das Kind handelt , reagieren die Eltern oder die Pädagogen mit Sprache. Auf die Handlung, die Aktion des Kindes folgt als Reaktion das Benennen der kindlichen Aktionen.
Dadurch unterstützen die Eltern die Identitätsentwicklung des Kindes. Das Kind macht die Erfahrung, dass ihm gefolgt wird, dass es gesehen wird und dass der Papa und die Mama seine Handlungen benennen.
Das Benennen stiftet eine positive Beziehungsatmosphäre, weil man von dem Kind in dieser Situation nichts verlangt.

Würde man von dem Kind etwas verlangen oder sagen wie man etwas haben möchte, wäre nicht von Benennen, sondern vom Sagen oder Mitteilen die Rede.
Das entspricht auf Englisch dem Unterschied zwischen „Naming" und „Telling".

Beim Benennen kann sich das Kind verbal in seiner Handlung bestärkt fühlen. Es fühlt sich sicher, gesehen, verstanden und akzeptiert in seinen Aktionen .
Die Sprachentwicklung fußt auf Sicherheit und Vertrauen. Nur wenn das Kind sich sicher fühlt, hat es das Bedürfnis, sich zu äußern.
Wenn man die Initiativen des Kindes benennt, wird es sich seiner eigenen Handlungen bewusst.
Kinder, die nicht bewusst registrieren, was sie tun, können sich selbst nicht korrigieren, indem sie das, was sie tun und was geschieht, nicht überblicken können. Dabei kann es leicht zu Konflikten mit anderen Kindern kommen.

Das Benennen verleiht dem Kind Sprache für seine Handlungen. Es unterstützt darüber hinaus auch die Konzentration des Kindes. Wenn die Konzentration des Kindes unterstützt wird, wird das Spiel oder die Aktivität des Kindes länger andauern. Das Kind trainiert so die allgemeine Konzentrationsfähigkeit; diese wird es sein Leben lang brauchen, im Spiel, in der Schule und später bei der Arbeit.

Das Benennen vertieft das Spiel oder die Aktivität die das Kind gerade ausübt.

Wenn das Kind noch nicht in der Lage ist, aktiv einem Dialog zu folgen, oder wenn es noch nicht über genügend Sprache verfügt, das Zusammensein mit anderen kommunikativ mit zu gestalten, kann der Pädagoge das Zusammensein mit dem Kind durch Benennen ausfüllen. Später entstehen die Dialoge. Meistens stellen wir viel zu viele Fragen an die Kinder.

Wenn die Erwachsenen ein Kind fragen, sollten sie sich im klaren darüber sein, ob das Kind den Fragen gewachsen ist. Sie sollten sich selber immer fragen: Kann das Kind die Fragen auch beantworten?

Oft erlebe ich, dass der Erwachsene das Zusammensein mit einem Kind mit Fragen ausfüllt, oft auch dann wenn, das Kind noch nicht in einen Dialog treten kann. Es scheint fast, als ob wir Gesprächspausen und Stille fürchten.

Manchmal vergessen wir, uns zu fragen, ob das Kind überhaupt schon genügend Sprache entwickelt hat, um viele Fragen beantworten zu können.

Inzwischen ist bekannt, dass das Kind ein Wort zwischen 60 und 80 Mal hören muss, bevor es das Wort korrekt in verschiedenen Zusammenhängen verwenden kann. Nach meinen Erfahrungen mit der Marte Meo Arbeit in der Sprachförderung entsteht die Sicherheit sich zu äußern eher, wenn die Bezugspersonen konsequent 10 Minuten täglich „das Kind benennen" (siehe das Beispiel weiter oben).

Sicherheit, Selbstbewusstsein und Selbstwertgefühl sind wesentliche Voraussetzungen dafür, dass ein Kind seine Sprache aktiv anwenden kann.

Sobald wir die viele Fragen stellen, unterbrechen wir auch die aufkeimenden Gedanken und Spielideen von Kindern.
Die Unterbrechungen durch Fragen die Kinder (noch) nicht beantworten können, haben häufig zur Folge, dass Kinder in Vermeidungsstrategien flüchten, indem sie beispielsweise sagen: „Ich weiß nicht", „Ich erinnere mich nicht", oder: „egal".

Kinder, die lernen, ihre eigenen Handlungen zu benennen, lernen dabei auch, sich selbst zu präsentieren. Wenn sich Kinder selbst präsentieren können, werden sie für andere vorhersagbar.

Kinder, die vorhersagbar sind, werden im Zusammensein mit anderen Kinder sichere Kinder, auch für ihre Spielpartner. Alle um das Kind herum wissen was das Kind will, weil es sich verbal ausgedrückt hat.

Ein Beispiel dafür ist, wenn Kinder zu Beginn eines Spieles verbal den Verlauf des Spieles verabreden und planen. Auf diese Weise wird etwa über Verteilung der Requisiten des Spieles verhandelt.
Wenn die Kinder verbal verhandeln können, wer zum Beispiel in einem Spiel Verkäufer und wie Käufer sein soll, können sie Konflikte vermeiden.
Wenn Kinder ihre eigenen Initiativen benennen können, ist dies der erste Schritt dafür, sozial kompetent eine (Spiel)Situation zu gestalten. Das heißt auch, dass Kinder auf diese Weise innere Struktur und Steuerung einüben. Dabei lernen sie , im Verhältnis zu ihren Mitmenschen vorhersagbar zu werden.

Kinder verhalten sich gemäß ihrem Selbstbild. Die Initiativen von Kindern zu benennen hat auch zur Folge, dass sich die Kinder gesehen fühlen. Im pädagogischen Alltagsgeschehen ist es oftmals schwierig, allen Kindern gegenüber aufmerksam zu sein, sei es nun im Kindergarten oder in der Schule. Für die Pädagogen ist es bedeutsam sich dabei klarzumachen, dass ein Kind, das sich 10 Sekunden gesehen fühlt, für die 10 Stunden des Tages, in denen es wach ist, etwas gutes mitbekommt.

Wenn ich im Rahmen der frühen Sprachstimulierung Benennen methodisch einsetzte, beginne ich damit immer im freien Spiel der Kinder.

Hier bieten Kinder einen realistischen Einblick in ihr Entwicklungsniveau. Wenn ich die Initiativen der Kinder benenne, hat das oft den gewinnbringenden Nebeneffekt, dass andere Kinder, die dabei sind einbezogen werden.

Benennen: Lene benennt Walid

Oft kann es schwierig sein, sich zwischen zwei Kulturen zu bewegen. Schwierig, weil es nicht nur verschiedenen Sprachen, sondern auch verschiedene Wert- und Kulturnormen gibt, zwischen denen man sich zurechtfinden muss.

Walid war vom Kulturunterschied zwischen seinem Elternhaus und dem Kindergarten so gestresst, dass er regredierte und mit sehr aggressivem Verhalten reagierte. Es passierte fast jeden Morgen, dass er den Erzieherinnen und den anderen Kindern unglücklich und aggressiv begegnete. In dieser Situation rieten wir den

Erzieherinnen, jeden Morgen ungefähr 10 Minuten Walids Initiativen zu benennen, damit er sich gesehen fühlte. Die Pädagogin Lene nahm ihm in einem Raum mit, wo die beiden zunächst alleine waren. Lene folgte Walids Initiativen, und sie benannte was er tat. Walid profitierte und genoss deutlich die exklusive Situation zu Zweit. Wir konnten sehen, wie er dabei unterstützt wurde, neue, positive Initiativen zu ergreifen und wie er dabei wuchs.

Wenn ich Erzieherinnen einen Marte Meo Kursus gegeben habe, bin ich oft dem Vorbehalt begegnet, dass es der Arbeitstag im Kindergarten nicht zulässt, einem einzelnen Kind Zeit zu widmen.

Aus meiner vieljährigen täglichen Arbeit als Sprachberaterin in dänischen Kindergärten, kann ich diese Einschätzung nur bestätigen. Aber es gilt, was Maria Aarts immer betont: „Marte Meo Zeit ist Entwicklungszeit!" Im Kindergarten ist diese Entwicklungszeit auch mit 10 Minuten pro Tag wirksam, wie der Fall von Walid zeigt.

Benennen der kindlichen Gefühle

Wenn man die Gefühle von Kindern benennt, lernen die Kinder das Gefühl genauer wahrzunehmen. Dadurch werden sie später im Stande sein, ihre Gefühle verbal auszudrücken. Kinder, die ihre eigene Gefühle ausdrücken können, lernen auch, positive Gefühle mit anderen zu teilen und zu genießen. Dadurch können sie Anerkennung von ihren Freunden bekommen. Kinder, die nicht sich selbst und Ihre Gefühle nicht benennen können, geraten schneller in aggressive Auseinandersetzungen und werden leichter zu Mobbingopfern..

Benennen: Zur Bedeutung des Namens

Kinder beim Namen zu nennen, ist ein wesentliches Element der Identitätbildung beim Menschen.
Sobald Kinder den Kindergarten besuchen, betreten sie eine neue Welt, die oft sehr fremd sein kann.
Wenn Kinder dann häufig mit ihrem Namen angesprochen werden, werden sie auf sich selbst aufmerksam, fühlen sich gesehen und persönlich gemeint zwischen allen neuen Freunden und Erwachsenen.
Auf diese Weise können sich Kinder in der neuen Umgebung zunehmend sicher fühlen und dort „ankommen".

Benennen eigener Initiativen

Besonders für Kinder, die schnell ablenkbar sind, ist es eine Hilfe, wenn die Erwachsenen ihre eigenen Initiativen benennen. Dabei hält man die Aufmerksamkeit der Kinder bei sich. Das Kind bleibt bei den, was jetzt gerade geschieht. Zugleich bekommt die aktuelle Aktivität durchs Benennen eine Bedeutung. Dieses Marte Meo Element ist insbesondere für diejenigen Eltern bedeutsam, die, im Verhältnis zu Ihren Kindern deutliche Strukturen setzen wollen.

Wer seine Handlungen benennt, wird gegenüber den Interaktionspartnern als Person deutlich und vorhersagbar.

Vorhersagbarkeit gibt den Kindern Sicherheit . Im Kindergarten fühlen sich die Kinder weiterhin sicher, wenn eine Erzieherin kurzfristig die gemeinsame Situation verlässt, zum Beispiel auf die Toilette geht. Das dürfte daran liegen, dass fast alle Pädagogen den Kinder gegenüber benennen, dass sie z.B. auf die Toilette gehen!

Ich habe häufig Filme aus den ersten Schulklassen gesehen, wo zu beobachten war, wie die Unruhe in der Klasse just in dem Moment aufhört, wenn der Lehrer beginnt, seine eigene Handlungen gegenüber der ganzen Klasse zu benennen. Denn sobald man seine eigenen Initiativen benennt, behält man die Aufmerksamkeit der Kinder bei sich.

Der selben Rat gebe ich denjenigen Eltern, die Schwierigkeiten haben, die Aufmerksamkeit ihre Kinder zu bekommen. Ich rate diesen Eltern, in alltäglichen, konkreten Situationen, zum Beispiel während des Essens, die eigenen Initiativen zu benennen. Zum Beispiel: „Peter, ich gebe dir das Brot, und Jens, du bekommst hier die Milch".

Berit benennt Rishan

Rishan ist in Dänemark geboren. Beide Eltern sind Tamilen und stammen aus Sri Lanka.

Rishan war seit ungefähr einem Jahr im Kindergarten, als er sich in der ersten Intersprachenphase befand.

Beim Erlernen einer neuen oder einer zweiten Sprache spricht man von „Intersprache", oder „Zwischensprache". Intersprache wird die Sprache genannt, die das Kind zwischen seiner Muttersprache und seiner Zweitsprache entwickelt.

Die Intersprache verändert sich, so lange die Zweitsprache erlernt wird. Das Kind konstruiert in der Phase des Erlernens der Zweitsprache seine eigenen Hypothesen über die Sprache. Diese verwendet es dann in der Kommunikation mit andere Menschen.

Rishan befand sich in der sogenannten „stillen Periode".

Die stille Periode ist eine natürliche Periode in der Phase des Erlernen der Zweitsprache, wo das Kind die neue Sprachlaute und Wörter hört und wahrnimmt, aber noch nicht aktiv verwendet. Rishan hatte mit den anderen Kindern keinen Kontakt, zeigte keine Initiative zum Spielen, hatte offenbar keine Ideen bezüglich Spielen. Er war 3,11 Jahre alt, als ich ihm zum ersten Mal gefilmt habe. Ich begann ihm jeden Tag ungefähr 10 Minuten lang in verschiedenen alltäglichen Situationen zu filmen, wenn er sich anzog, wenn er aß , wenn er aufräumte usw..

Die Pädagogin Berit war schnell bereit, Benennen zu lernen, und begann Rishan 10 Minuten täglich zu benennen. Bereits nach der dritten Aufnahme konnten wir sehen, wie Rishan die Erfahrung genoss, auf diese Weise beachtet zu werden. Er begann Ideen zum Spielen zu kreieren, und einzelne Wörter zu sagen. Er lernte die Sprache in die konkreten Situationen seiner Handlungen. So wurde die Sprache an seine Initiativen gebunden.

Berit schaffte mit Rishan keine künstliche Situation des Benennens, sondern benannte täglich seine Initiativen in den Alltagsabläufen des Kindergartens. Dadurch beendete Rishan die stille Periode in seinem Erlernen der Zweitsprache.

Beachte die Initiativen der Kinder:
Schau, warte, folge und benenne was die Kinder tun

Wenn man die Initiativen eines Kindes sieht und ihnen folgt, unterstützt man das Kind genau dort, wo es sich gerade in seiner Entwicklung befindet.
Das Kind wird so gesehen, wie es ist, seine Identitätsentwicklung wird gefördert. Die eigene Kraft des Kindes wird gestärkt, indem seinen eigenen Initiativen genau gefolgt wird. Der Erwachsene, der dies tut, lernt zugleich das Kind kennen. Wenn den kindlichen Initiativen gefolgt wird, wird das Kind bestärkt und unterstützt und lernt darüber hinaus, neue Initiativen zu ergreifen.
Wenn Erzieherinnen lernen, den Kindern zu folgen, lernen sie, eine Nebenrolle einzunehmen, und überlassen den Kindern die Hauptrollen.
Viele Jahre lang habe ich Eltern und Familien angeleitet, mit Ihren Kindern zu sprechen. Ich habe sie dahingehend beraten, dass die Eltern die Kinder sozusagen an die Hand nehmen und über alles sprechen, was passiert.
Mit Marte Meo habe ich gelernt, noch konkreter zu sein. Nun zeige ich Eltern anhand von Filmclips wie sie den

Initiativen der Kinder folgen, und die Handlungen der Kinder benennen können. Dabei entstehen Dialoge wie:
„Was macht das Kind?"
„Er trinkt aus der Tasse!"
„Und was können Sie jetzt sagen?"
„Du trinkst aus der Tasse!"
„Genau!"
Ein konkreter Rat ist für die Eltern anschaulicher. Sie lernen Ihr Kind und sein Entwicklungsniveau besser kennen, denn Kinder ergreifen Initiativen auf demjenigen Entwicklungsniveau, auf dem sie sich gerade befinden.

Beispiel: Suleyman und Zubeyde

Suleyman ist der zweite Sohn einer türkischen Familie. Sein älterer Bruder, 5 Jahre alt, kommt gut im Kindergarten zurecht. Der Vater wohnt bereits viele Jahre in Dänemark, die Mutter ist erst vor kurzem ins Land gekommen.
Suleyman ist nun so alt, dass er von der Krippe in den Kindergarten gehen soll. In Dänemark geschieht dieser Übergang meistens, wenn das Kind etwa drei Jahre alt ist. Suleyman ist fast drei Jahre als die Eltern auf Anraten der Krippe zu mir kommen. Sie haben Sorgen, weil es für Suleyman sehr schwierig ist, sich in konkreten Situationen angemessen zu verhalten. Er rennt überall herum, spricht nur wenig von seiner Muttersprache, seine Zweitsprache überhaupt nicht. Die Eltern sehen darin ein Problem, denn Suleyman befindet sich bereits seit zwei Jahren in der Krippe, einem dänisch sprechenden Milieu.

Als ich zum ersten Mal die Familie besuche, bestätigt sich das, was die Eltern berichten. Suleyman läuft hin und her, kann nicht ruhig sitzen, auch nicht beim essen oder spielen. Eigentlich hat er überhaupt keine Spielideen , zeigt auch keine Interesse an der Briobahn, den ich mitgebracht habe.

Nach der ersten Filmaufnahme arbeitete ich ca. drei Monate weiter mit Suleymans Mutter, Zubeyde.

In diesem Falle entscheide ich mich, einen Dolmetscher hinzuzuziehen, weil Zubeyde auch aufgrund der Geburten und des Schwangerschaftsurlaubs bisher nur ganz wenig dänisch sprechen kann. Der Papa ist während der Marte Meo Beratung immer bei seiner Arbeit.

Beide Eltern sehen in Suleyman einen Wildfang, den sie nicht erreichen können. Deshalb arbeiten wir anfangs damit, der Mutter zu helfen, Ihr Kind auf eine andere Weise sehen zu lernen. Aus diesem Grunde, betrachten wir den Film zuerst mit dem Fokus auf das Marte Meo Element: Initiativen sehen und folgen. Zubeyde soll lernen Suleymans Initiativen zu folgen. Ich achte während der Arbeit mit Zubeyde sehr bewusst darauf, nicht zu schnell zu sprechen, damit sie mir folgen kann. Diese Arbeit ist sehr neu für sie. Nach der ersten Videoberatung nehmen wir das Element *Benennen* hinzu. Zubeydes Arbeitsauftrag lautet:
Schau, warte, folge der Initiative deines Sohnes, und benenne was er tut.

Die Dialoge zwischen Zubeyde und mir verlaufen folgendermaßen;
Mette: „Was macht Suleyman?"
Z.: „Er fährt mit dem Auto"
M.: „Und was kannst du sagen?"
Z.: „Du fährst mit dem Auto"

Diese einfache Dialogform übe ich auch mit meinen Marte Meo Kursteilnehmern, die das Marte Meo Element Benennen lernen sollen.
Es sieht zwar leicht aus, aber oft stellt sich heraus, dass es schwierig für Eltern und Pädagogen ist, konkret zu sprechen und im Film zu sehen, was passiert, ohne es zu interpretieren. Nicht nur die konkrete Beobachtung, sondern gerade auch eine konkrete Sprache zu verwenden, kann für viele Kursteilnehmer schwierig sein.
Ich filme Zubeyde und Suleyman über den Zeitraum von drei Monaten. Allmählich lernt Zubeyde ihren Sohn zu sehen, seinen Initiativen zu folgen, und diese konkret zu benennen.
Suleyman entwickelt dabei seine Muttersprache, türkisch. Er beginnt, passende Spieltöne, die zu seinen Aktivitäten gehörten zu benutzen: „Dutt, Dutt" sagt der Zug, oder „Brnnnn, Brnnnn" sagt das Auto.
Parallel mit der Anregung der Muttersprache durch die Marte Meo Beratung, arbeiten die Pädagogen im Kindergarten damit, die dänische Sprache zu stimulieren. Es wird einer meiner erfolgreichen Fälle. Suleyman eignet sich schnell die Muttersprache, türkisch, an, zugleich aber auch die Zweitsprache, dänisch. Er kann

im Laufe von drei bis vier Monaten teils auf türkisch, teils auf dänisch kommunizieren.

Er lernt, seine Initiativen benennen, kann sich selbst im Spiel mit anderen Kindern präsentieren. Damit ist er gegenüber seinen Freunden im Kindergarten vorhersagbar, und er wird ein beliebter Spielkamerad.

Beispiel: Sobhi und „Marianne

Wenn ich auf mein Arbeitsleben zurückschaue, habe ich oft zu lange damit gezögert, mehrsprachigen Kindern, bei denen die Entwicklung verzögert verlief, eine besondere Unterstützung anzubieten. Auch ich habe früher die generelle Entwicklungsverzögerung eher isoliert, als eine verspätete Sprachentwicklung betrachtet. Und bisweilen erfolgte die besondere Unterstützung für ein Kind auch zu spät.

Sobhi ist in diesem Zusammenhang ein Beispiel.

Er war vier Jahre alt, und besuchte etwas länger als ein Jahr den Kindergarten. Wir waren alle darin einig, dass er sich nicht in dem Tempo entwickelte, das wir erwarten konnten. Erst, nachdem ich begann, ihn zusammen mit der Erzieherin Marianne zu filmen, wurde mir klar, wo er in seiner Entwicklung wirklich stand und welche Unterstützung er brauchte.

Mariannes Aufgabe war, Sobhi zu sehen, seinen Initiativen zu folgen, und benennen was er machte. In dem Film konnten wir sehen, was Sobhi noch nicht entwickelt hatte. Er nahm ein Spielzeug in dem Mund, gab es Marianne, um es danach schnell wieder zurückzunehmen.

Er brauchte Unterstützung dabei, zu nehmen und geben, um kennen zu lernen was gehört mir, und was gehört dir. Es war für wichtig für Sobhi, zunächst diesen Entwicklungsschritt durchzulaufen.
Uns wurde klar, dass wir im Kindergarten viel zu hohe Forderungen an Sobhi gestellt hatten. Die Forderungen die wir gestellt hatten, lagen auf einem Niveau, was man von einen Drei- bis Vierjährigen normalerweise erwarten kann. Die Interaktionsanalyse der Filme zeigte, dass sich Sobhi bisher noch gar nicht wie ein Drei- oder Vierjähriger entwickelt hatte. Aus diesem Grunde sollten wir seine Entwicklung auf einen früheren Niveau unterstützen. Zuerst sollten wir beim Spiel mit Sobhi mit dem konkreten Wechselspiel auf der Aktionsebene, dem so genannten „Turntaking" beginnen.
Die konkrete Arbeit mit den Interaktionsanalysen ist eine gute Ergänzung zur Arbeit des Psychologen. Wenn ein Kind einen Psychologen aufsuchen soll, biete ich zur Ergänzung seiner Arbeit gerne einen Marte Meo Filmclip an. In den meisten Fällen wird der Filmclip positiv aufgenommen und als wertvolle Hilfestellung empfunden. In diesem Fall war der Film von Sobhi eine gute Ergänzung, um einzuschätzen, welche weiteren Hilfen Sobhi benötigte. Sobhi kam später in eine Sonderschule.

Positive (An-)Leitung; „detailed guidance"

Positive Anleitung bedeutet, Kindern im Alltag schrittweise diejenigen Prozesse und Modelle zu zeigen, die sie im späteren Leben benötigen. Maria Aarts verdeutlicht die Unterstützung beim Aufbau passender Handlungsmodelle am Beispiel des Stricken – Lernens: Keiner beginnt dabei mit den sehr komplizierten, so genannten „Norwegischen Mustern". Stattdessen beginnt man mit ganzen Abläufen, indem man den Prozess Schritt für Schritt benennt: „Schlage das Garn um die Nadel, stecke die Nadel ein, ziehe das Garn zurück, schlage die Masche wieder um."

Detaillierte positive Anleitung ist eine Hilfe für das Kind, im Kindergarten zu lernen, die Jacke auszuziehen, die Jacke aufzuhängen, Schuhe auszuziehen, Pantoffel anzuziehen und so weiter. Die positive Anleitung ist in vielen anderen Zusammenhängen bedeutsam, zum Beispiel beim Toilettengang, Zähneputzen, aufräumen, Umgang mit dem Pausenbrot, im Kühlschrank etc..

Diese tägliche Handlungsabläufe lernen Kinder Schritt für Schritt, indem die anwesende Bezugsperson mit einem positiven Ton den Prozess des Handlungsablaufes benennt. Kinder benötigen viele passende Handlungsmodelle, um allmählich ein selbstständiges Leben führen zu können.

Indem man jeden einzelnen Handlungsschritt, in dem Moment, in dem er vollzogen werden kann, benennt, wird die Konzentration des Kindes bei dieser entsprechenden Fertigkeit eingeübt. Es ist nicht nötig, Kindern zu sagen „Das darfst du nicht", denn Kinder wissen in der Regel recht genau, was sie dürfen, und was sie nicht dürfen.

Es ist besser Ihnen zu sagen, was sie in dem Moment tun können, weil sie dadurch neue positive Verhaltens- und Handlungsmuster lernen können.

Wenn wir Kindern mitteilen, (telling) welches Verhalten wir haben wollen, bilden diese Erwartungsmuster mögliche Handlungsmodelle für die Kinder.
Detaillierte Anleitung ist ein Aspekt positiver Leitung. Bei der positiven Leitung gilt der Grundsatz: „Unterstützung statt Kompensation". Positive Leitung ist vorausschauend. Die Leitung geschieht , bevor ein „Kampf" mit den Kindern entstehen kann.
Insofern verhindert positive Leitung negative Formen der Auseinandersetzung. Das setzt voraus, dass die Eltern die Situation im voraus überblicken, und den Kindern sagen, (telling) was sie tun können. Das bedeutet dass Eltern den Kindern gegenüber vorausschauend mitteilen, was geschehen wird und wie sie sich verhalten können.

Derartige Vorhersagen vermitteln den Kindern Sicherheit. Positive Leitung nimmt das positive Handlungsmoment der Kinder zum Ausgangspunkt. Damit werden die Kinder in ihrer weiteren Entwicklung bei der Bewältigung konkreter Anforderungen unterstützt. Eltern sagen, was die Kinder jetzt machen können. Zum Beispiel wenn man Schritt für Schritt benennt, wie die Jacke angezogen wird.

Detaillierte Anleitung ist eine gute Hilfe für Kinder, die noch keine Spielkompetenzen entwickelt haben, zum Beispiel. keine Spielideen, -Modelle und Sprache, um ein freies Spiel zu gestalten. Diese Kinder entwickeln oft ein passives oder eine sehr destruktives - lärmendes Verhalten, wenn man ihnen sagt, dass sie nun frei spielen dürfen. In dieser Situation ist eine detaillierte Anleitung

sinnvoll, bei der die Kinder Schritt für Schritt lernen, womit sie sich beschäftigen können.
Auch die Größe des Raumes kann dabei eine Rolle spielen, wie Kinder lernen, ein freies Spiel zu gestalten. Am schwierigsten ist es für manche Kinder ein Spiel im Freien zu spielen, weil hier der Raum nicht begrenzt ist. In einer solchen Situation kann man mit positiver Anleitung zum Beispiel Jens erzählen: „Jens, du kannst das Fahrrad nehmen, und von dieser Ecke bis in die andere Ecke radeln". Eine andere Möglichkeit ist Kindern beispielsweise zu zeigen, wie sie Spielzeuge im Sandkasten benutzen können.

Detaillierte positive Anleitung: Mette, Bjørn und Karoline

Als ich noch als Logopädin arbeitete, sollte ich einen Demonstrationsfilm über mundmotorische Übungen machen. Ich drehte den Film mit meinen eigenen Kindern, die damals 3 und 4 1/2 Jahre alt waren. Es ist jetzt viele Jahre her, aber, obwohl ich damals noch keine Ahnung von den Marte Meo Elementen hatte, wandte doch, sozusagen „aus eigener Kraft" detaillierte positive Anleitung an.
Karoline, die damals 3 Jahre alt war, hatte ihre Feinmotorik noch nicht voll entwickelt. Sie brauchte eine schrittweise Anleitung, wie genau sie eine Feder aus einem Strohhalm blasen konnte. Bjørn, der fast zwei Jahre älter ist, konnte diese Aufgabe ohne Probleme meistern. Er brauchte die Instruktion nur einmal zu

hören. Er war gegenüber Karoline sozial aufmerksam, und wollte ihr mit einer Anleitung helfen, die Aufgabe korrekt zu erledigen. Ich benannte Schritt für Schritt, wie die Aufgabe erfüllt werden konnte.

Auch die Kinder benannten ihre eigene Handlungen, wenn sie beispielsweise sagten, welche Farbe der Feder sie jeweils wählen wollten. Sie übten in dieser Situation turntaking, waren für einander vorhersagend und damit auch vorhersagbar , indem sie ihre eigenen Initiativen benannten.

Diese Marte Meo Elemente sollten sie auch später viel verwenden. Als sie ein bisschen älter waren, musste ich oft schmunzeln, wenn ihre Freunde, Kasper oder Sofie auf Besuch kamen. Sofie und Karoline verschwanden schnell in Karolines Zimmer, Kasper und Björn in Björns Zimmer. Wenn es Zeit fürs Abendessen wurde, ging ich in ihre Zimmer um sie darauf aufmerksam zu machen, dass sie nun aufräumen sollten. Jedesmal bekam ich die selbe Antwort. „Aber Mama, wir haben mit dem Spiel noch gar nicht begonnen!" Sie hatten inzwischen gelernt, Ihre Spielideen zu benennen, wie das Spiel mit der Barbie oder der Eisenbahn verlaufen sollte. Sie hatten den ganzen Nachmittag darüber verhandelt, welche Requisiten in dem Spiel verwendet werden sollten. Sie konnten die Sprache verwenden, um das Spiel endlos zu verlängern, indem sie planten, verhandelten und das Spiel nuancierten.

Das „Gute Gesicht"

Ein guter , zuvorkommender Gesichtsausdruck und ein angenehmer Ton sind wichtige Elemente im Dialog. Kinder, die etwas präsentieren sollen, bekommen eine optimale Unterstützung von den Pädagogen, wenn diese ihnen im Moment der Handlung ihr wärmstes Lächeln zeigen.
Ein schönes Lächeln oder auch ein herrliches Lachen öffnet die Herzen fürs Lernen. Es reicht aber keineswegs aus, immer mit einem lächelnden Gesicht herumzulaufen. Es sollte auch zu den entsprechenden Momenten passen. Kinder brauchen die Möglichkeit das warme Lächeln in sich aufzunehmen und mit einer konkreten Erfahrung zu verbinden , damit sie es verinnerlichen können.

„Wenn du mit deinen Kindern sprichst, dann achte darauf, wo sich dein Gesicht am Ende des Satzes befindet."
Diesen Hinweis bekam ich von Maria Aarts in einer Periode meines Lebens, in der alles um mich herum sehr schnell veränderte und ich von Dänemark in die Niederlande umzog.
Ich war damit beschäftigt, meine Kinder schnell über alles zu informieren und eine Orientierung darüber zu geben, welche praktischen Dinge nun zu erledigen waren. Ich war damals schon mit neuen Gedanken und wenn ich sprach, mit neuen Sätzen beschäftigt, bevor ich meinen ersten Satz beendet hatte.
Meine Kinder reagierten sehr verwirrt und Marias Rat, bewusst darauf zu achten, wo sich mein Gesicht am Ende eines Satzes befindet, war für mich eine große Hilfe in

der Zeit, in der ich auf „Hochtouren" arbeitete. Es hatte auch einen guten Einfluss auf meine Kinder, wenn ich mir die Zeit nahm, am Ende des Satzes den Blickkontakt zu halten. Sie konnten meine vielen Informationen an sie besser verstehen und annehmen. Für mich war es in der damaligen Situation eine schwierige Übung, denn es gab so viele praktische Sachen zu tun; die Kinder aber fühlten sich ruhiger.

Also: Probieren Sie selbst , unter Stress bewusst darauf zu achten, wo sich Ihr Gesicht am Ende des Satzes befindet!

Der „Gute Ton"

Wenn ich einen Film mit einer Interaktion zwischen Erwachsenen und Kindern analysiere, achte ich auf die Stimmen der Beteiligten.
Herrscht ein Kommandoton oder ein angenehmer Konversationston vor?
Mit Marte Meo habe ich gelernt, die Töne besonders zu beachten und darauf zu hören, ob die Töne zur Situation passen. Auf deutsch heißt es: „Der Ton macht die Musik", d.h. die Stimmen der Beteiligten schaffen die „Stimmung", die Atmosphäre einer Situation. Viele Menschen reagieren häufig intensiver auf die Töne, als auf die Inhalte einer Botschaft. Im Zusammensein mit kleinen Kindern hören die Kinder in den Tönen, der Prosodie, wie etwas gemeint ist; ist es ein Spielton, ein Aufmerksamkeitston, ein Beruhigungston oder ein Kooperationston. Töne spiegln die Gefühle wider und können diese auch sehr direkt beeinflussen.

Bestätigung

Eine Bestätigung hat zur Folge, dass sich eine Erfahrung beim Kind festigen kann. Wenn Erwachsene bestätigen, teilen sie dem Kind mit, dass sie es gesehen und gehört haben. Das Kind fühlt sich beachtet. Es gibt die Möglichkeit, ein Kind zu bestätigen, indem man wiederholt, was das Kind sagt: „Dadada" sagt das Kind, und Mama antwortet: „ja, dadada".
Ein anders Beispiel: das Kind hat gerade Radfahren gelernt. Er guckt dich an, und sagt: „ich radele", Du schaust es ebenfalls an und bestätigst: „Ja, du radelst!"
Bei Bestätigungen lernen Kinder, die besten Dinge des Lebens sozusagen „mitzunehmen". Wer Kindern helfen will, ein gutes Leben aufzubauen, kann die guten Momente im Leben bestärken. Kinder lernen dann, Vertrauen in ihre eigenen Initiativen zu fassen. Das kindliche Selbstvertrauen kann sich entwickeln und stärker werden. Wenn Kinder positiv in den eigenen Initiativen bestärkt werden, werden sie zugleich darin unterstützt ‚neue Initiativen zu entwickeln.

Klarer Anfang, klares Ende; klare Struktur

Die meisten Kinder durchleben eine Entwicklungsperiode, wenn sie gerade stehen und laufen gelernt haben, in der es zu ihren Lieblingsbeschäftigungen gehört, Türen und Schubladen zu öffnen. Das ist ein erster Schritt, eine Aktion bewusst zu beginnen und zu beenden. Deutliche Anfänge und deutlich Abschlüsse geben Kindern Sicherheit im Kontakt mit Menschen und Situationen. Mit Hilfe von einem deutlichem Anfang und Abschluss von Aktivitäten wird auch die innere Struktur der Kinder stärker.

Für viele Kinder ist der Alltag durchaus voller Stress. Sie sollen sich an einem Tag an viele verschiedenen Menschen und Aktivitäten anpassen und zwischen ihnen wechseln.

Eltern , die als Kinder wenig Vorhersagbarkeit erfahren haben und daher wenig Sicherheit erlebt haben, haben häufig auch Schwierigkeiten, ihren eigenen Kindern gegenüber vorhersagend und damit vorhersagbar zu sein. Auch bereitet es solchen Eltern häufig Probleme, ihren Kindern einen regelmäßigen Lebensrhythmus und die damit verbundene Sicherheit zu geben.

Wenn Eltern den Kontext benennen , in dem sich Kinder im Moment befinden, erleben sich die Kinder in einer konkreten Situation. Indem die Situation verbal abgegrenzt wird, lernen sie, die Situation zu überblicken und unterschiedliche Situationen zu unterscheiden. Überdies hilft dieses elterliche Verhalten, sich zu konzentrieren.

Beispiele

„Jetzt wollen wir Bilderlotto spielen!", sagt die Erzieherin, „Hans, du kannst neben Louise sitzen, Frida du sitzt neben Hannah,....seid ihr soweit?, gut! Dann fangen wir an".

Später wenn das Spiel beendet ist, sagt die Erzieherin: „So, jetzt ist das Spiel zu ende, Ihr könnt wieder nach draußen gehen".

In nächsten Beispiel unterstützt die Erzieherin auch noch die Fähigkeit des Kindes, sich im Spielmoment zu präsentieren, indem sie die Spannung mit dem Kind teilt: „Jetzt wird es spannend ob du Stich bekommst, Anne". Auf diese Weise wird Anne ermutigt und kann Lust bekommen, die Herausforderung anzunehmen.

Klare Struktur: Anja spielt mit Kindern Memory

Anja ist eine der ersten Marte Meo Therapeutinnen die ich ausgebildet habe. Sie arbeitet als Sprachpädagogin, dass heißt, sie ist dafür verantwortlich dass in verschiedenen Kindergärten ein gutes Sprachmilieu herrscht. Anja verwendet Marte Meo in ihrem Arbeitsalltag. Wenn sie mit einer Gruppe von Kindern spielt, macht sie einen klaren Anfang. Sie erklärt den Kindern zunächst, wie das Spiel gespielt werden soll.

Anjas Vorhersagbarkeit führt dazu, dass sich die Kinder sicher fühlen und ruhig verhalten, wenn Anja ihnen sagt, was als nächstes passiert. Obwohl die Kinder die Regeln kennen, wiederholt Anja jedes Mal, wie das Spiel gespielt werden soll. Auf diese Weise übernimmt sie die Leitung, und gibt sehr deutlich die Struktur vor.

Sie ermuntert die Kinder, füreinander aufmerksam zu sein. Auf diese Weise lernen die Kinder auch, Gefühle zu teilen, sich zum Beispiel zu freuen, wenn der Nebenmann gewonnen hat. Die Kinder lernen, füreinander Empathie zu entwickeln.

Anja zeigt ein gutes lächelndes Gesicht, und spricht in einem sympathischen Ton. Für die Kinder ist es offensichtlich angenehm, mit Anja zusammen zu sein. Ebenso lernen die Kinder mit Anjas Unterstützung, sich abzuwechseln. Sie lernen den „sozialen Tanz", einen Schatz, auf den sie ihr ganzes Leben lang zurückgreifen können.

Verbindungen schaffen

Wenn Erwachsene zwischen Kindern Verbindungen schaffen, lernen Kinder, in wechselnden Kontakten mit mehreren Personen zugleich zu sein, oder, in der Fachsprache ausgedrückt: die Kinder lernen die Fähigkeit zur Triangulation. Auf diese Weise können Kinder ein Gemeinschaftsgefühl entwickeln. Wenn Erwachsene mit Kindern zusammen am einen Tisch sitzen, können sie Verbindungen schaffen, in dem sie z.B. sagen: „Schau mal Peter, Lena hat eine Banane mitgebracht."
Man kann oft beobachten, wie die Erwachsenen mit einem Kind sprechen, wenn sie an einen Tisch sitzen. Die Kinder ihrerseits aber sprechen nicht mit einander. Stattdessen wenden sie sich an die Erwachsenen. Dialoge zwischen Kindern finden eher selten statt.
Wenn die Kinder in die Schule kommen, beklagen sich viele Lehrer, darüber dass es den Kindern große Schwierigkeiten bereitet, Information vom Lehrer, die an die ganze Klasse gerichtet sind, verstehen und aufnehmen zu können. Die Kinder haben Probleme zu warten, wenn die Klassenkameraden etwas erzählen

wollen. Sie können nicht abwarten, bis sie selbst an der Reihe sind.

Aus diesem Grunde es wichtig, dass die Kinder früh lernen, für andere Kinder sozial aufmerksam zu werden. Im späteren sozialen Leben ist es überhaupt wichtig, sich für andere Menschen zu interessieren. Was hat mein Nachbar zu sagen und was bewegt andere Menschen?

Sozial Aufmerksamkeit ist eine Voraussetzung dafür, später mit anderen Menschen zusammenarbeiten zu können in der Gruppenarbeit, in der Schule, oder später in dem Erwachsenenleben.

Kinder sollten daher früh lernen, sich abzuwechseln, zuhören, die Aufgabe auszuführen, wieder zuzuhören und weiter zusammen zu arbeiten.

Wenn man die Kinder miteinander in Verbindung bringt, hilft es, wenn der Lehrer das gemeinsame Gesprächsthema möglichst groß präsentiert. Dies ist ein Weg, ein Thema einzuführen, das im gemeinsamen Gespräch vertieft werden kann. Der Pädagoge kann hier ein eher ruhiges Kind zum Gespräch einladen .

Ein Beispiel:

Wir stellen uns vor, dass Heinrich ein eher ruhiges Kind ist, das wir gerne in das Gespräch einbeziehen wollen.

Heinrich zeigt dem Lehrer, dass seine Mutter ihm sein Schulbrot gemacht hat. Wenn der Lehrer jetzt die Kinder verbal verbinden möchte, schafft er einen zentralen Fokus .

Er fragt beispielsweise die anderen Kinder , ob auch ihre Mütter selber Brot backen, oder ob das Brot bei ihnen gekauft wird, und wo es gekauft wir, oder ob die Kinder das selbe Brot mithaben.

In dieser Situation kann man das ruhige Kind für die anderen Kinder interessant machen, indem man etwa sagt: „Annik, hast du gehört, Heinrichs Mutter macht selbst das Brot."

Maria Aarts nennt diese Form der Unterstützung die „Ach guck mal"- Modelle. Wenn Pädagogen Verbindungen zwischen den Kindern schaffen, lernen diese, das zu beachten und zu respektieren, was in dem anderen Mensch passiert: Sie lernen Empathie zu entwickeln.

Kinder, die keine Empathie für andere Menschen entwickelt haben, sind nicht so gut im Stande zu sehen, was in den anderen Menschen vorgeht. Hier liegt eine große Aufgabe für die Pädagogen.

Sie können ein Thema und die Spannung größer machen, indem sie etwa sagen „Jetzt wird es interessant und spannend zu hören, was Karoline erzählt!"

So fördert der Pädagoge ein positives Selbstbild der Kinder, das sie benötigen, wenn sie sich in einer größeren Gruppe präsentieren wollen oder sollen. Einen aufmerksamen Pädagogen, kann man gut daran erkennen, dass er immer in der Gruppe umherschaut und darauf achtet, ob alle Kinder den gleichen Fokus haben. Ein aufmerksamer Pädagoge hat keinen steifen Nacken!

Wenn die Kinder gelernt haben zusammenzuarbeiten, beherrschen sie den „sozialen Tanz," einen Tanz, von dem sie ihr Leben lang profitieren können, in Interaktion und Kommunikation mit anderen Menschen.

Wenn Kinder lernen, die Lebensfreude mit anderen Kinder und Erwachsenen zu teilen, wird die Freude größer, und sie lernen Empathie zu entwickeln. Sie lernen ihre Lebensfreude besser zu genießen. Gleichzeitig ist es immer leichter, auch das unvermeidlich Schwere im Leben zu teilen, wenn man gelernt hat, seine Gefühle mit anderen zu teilen.

Deutsche Bearbeitung: Christian Hawellek
(Norddeutsches Marte Meo Institut, www.nmmi.de)

Literatur

Aarts, Maria (2000) Marte Meo. Ein Handbuch. Harderwijk, Aarts Productions

Aarts, Josje (2007) Marte Meo für Schulen. Eindhoven, Aarts Procuctions

Bukdal, Joergen (1970) Soeren Kierkegaard og den menige mand, ISBN 87 00 014214

Hawellek, Christian, v. Schlippe, Arist (2005) Entwicklung unterstützen - Unterstützung entwickeln Systemisches Coaching nach dem Marte Meo Modell. Göttingen V&R

Isager, Mette (1997) Medina, Specialpaedagogisk Forlag, ISBN 87-559-1145-5

Isager, Mette (2002) Spoerg ind til sprogene, Specalpaedagogisk Forlag, ISBN 87-7399-799-4

Stern, Daniel (1977) The first relationship Infant and Mother

Wong Fillmore, Lily (1991) Second Language learning in children. I Bialystok (red.), Language Processing in bilingual children. Cambridge University Press